Nakamura Tempu
166 words of good luck

中村天風
幸運をひらく
166の言葉

公益財団法人 天風会 監修

KKロングセラーズ

文字から言葉へ

まえがきにかえて、読者のみなさんに、一つ、お願いがございます。

一ページの文章をお読みになられましたら、同じ文章をもう一度、次は声に出してお読みになってみて下さい。

と申しますのは、もともとこの文章は、修練会や講演会で、会場に集まった私たちに、親しく話しかけられた天風先生の「話し言葉」だったのです。その臨場感を、読者の皆さんにも味わっていただき共有したいとおもうからです。

ふつう、私たちの読書は、「文字」を黙読するわけですが、声に出して読むことによって、「言葉」を聴くことができます。しかも、できるだけ小さな声で呟くように読むと、不思議なことですが、心の中で、「文字」が「言葉」に変換されて、「言葉」を聴いたのと同じように私たちの心は受容れます。

特に、毎晩、お休みになる前の一時、このご本をお読みになるうちに、中村天風の人間愛に溢れた世界が心の中に広がり、珠玉のように光るものになるのを感ずることができるでしょうから。

平成二十八年六月

公益財団法人　天風会　教務委員長
名古屋大学名誉教授

御橋　広眞

目次●中村天風　幸運をひらく166の言葉

目次

文字から言葉へ　1

一章　人生は心ひとつの置きどころ

◆心もちをぱっと変えちゃえばいいだけ　18
◆おもしろく考えりゃいい　19
◆自分が呼び寄せなければ来やしない　20
◆人生を良くするも悪くするも、自分の義務　21
◆生まれながら与えられてある　22
◆意志なるものが最高の統率者　23
◆積極的ということ　24
◆心はもっともっと偉大な作用をもつもの　26
◆心の情熱の炎でありありと描くんです　27

◆本当の幸福というものは　28
◆幸福を本当に味わおうと思う秘訣は　30
◆自分の心の宮殿の中はあくまでも尊いもの　32
◆闇を消す光　34
◆心の中に燦然たる光が出てくる　35
◆実行がおろそかにされると　36
◆蒔いたとおりに花が咲く　38
◆自分の中にすばらしい幸福感を持てる人間　39

二章　言葉は人生を左右する

◆人生を勝利にみちびく最良の武器　42
◆常にお互いに喜びを与える言葉を　43
◆「ああ、ありがたい」「ああ、楽しい」「ああ、嬉しい」　44
◆暑いなあ、余計元気がでるなあ　45

◆明るく、朗らかに、イキイキとして勇ましい 46
◆言ってよくなるなら、どんどん言いなさいよ 47
◆生きる瞬間瞬間の思い方、考え方を変える 48
◆なにはさておき、現在感謝 49
◆この世は、本質的に楽しい、嬉しい、調和した世界 50
◆心が微笑ましくなることだけを考えていればいい 51
◆今日一日、本当にありがとうございました 52
◆今日一日、この笑顔を壊すまいぞ 53
◆喜びをわかち合う言葉を、言い合おうではないか 54

三章 つらいことがあっても笑え

◆知識だけ磨いて人間が幸福になれるなら 56
◆いくら学問しても、いくら経験を積んでも 57
◆笑えば心もちは、のびのびと朗らかになります 58

◆なんだかおかしくなってくるから　59
◆人間には、はかりしれない苦しみと悩みとがあるんです　60
◆笑いは人間だけに与えられた特別のもの　61
◆笑うと、必然的に「へそ」がむくむく動きだす　62
◆「へそ」の動きがすこぶるいい効果　63
◆笑うにつれて、幸福と好運がどんどん開けてくるから　64
◆心の中に愉快な爽やかさが　65
◆清く、尊く、強く、正しく　66
◆元気という気が出たときに　68

四章　世の中は、人、人、人の持ち合いだ

◆他人に好かれる人間にならなければいけない　72
◆「俺はあいつが好きだ」　74
◆どんな場合にも「真心の親切」で　76

◆「もしも、自分がこういう立場になったら」と考えたなら　77
◆この、多い人の中で、なんと不思議なるかな　79
◆憎い人間があろうはずがない　80
◆たった一人じゃ、おもしろくもおかしくもないでしょ　81
◆他人がいるから自己が生きてられるんだ　83
◆常に正直、親切、愉快を忘れないで　84
◆今、憎んでる人間がいやしないか　85
◆常に和の気持ちで終始応接するということ　86
◆断然、自分の心に争いの気持ちを起こさせないことなんです　87
◆「あ、私が悪かった」というふうに言っちまうと　88
◆寛容さを失ってはならない　89

五章　迷いがあるから悟りがあるんだ

◆自分で思うこと願うこと、ひとつも叶わないのは　92

◆変なものにウインクを与えなさんな　93
◆心に使われちまうからいけないんです　96
◆心というものは生きるために使う　97
◆自分の人生は、どこまでも自分自身が守るべき　98
◆アクシデントは必ず自己が蒔いた種に実が成ったもの　99
◆心の態度を変えない限り　101
◆まず、さびを取ること　102
◆迷いがあるから悟りってやつがあるんだ　103
◆これは自己冒涜です　104
◆心が弱くなると、神経の働きも弱まっちまう　106
◆心のたてなおしに努力なさい　107
◆人生はやせ我慢や空威張りでは解決しない　108
◆悲しければ明日悲しめばいい　109
◆夜はいいことを考えるんだ　110
◆嘘でもいいから　111

◆寝がけだけは絶対に尊い人間になるんだ　112

六章　たとえ身に病《やまい》あれど心まで病ませない

◆人間というものは幸せに生きられるんですよ　114
◆心や肉体は人がいろいろな方便を行うための道具　115
◆心がそれから離れているときは　116
◆人間だけに与えられた秀れた力というのは　117
◆心だけは病や不運の虜にさせないことです　118
◆あなた方の心は病になってやしない　119
◆「生命の生存」を確保する「生き方」　120
◆自分が自分の生命の主人でなきゃいけない　121
◆怒ってはいけない、悲しんではいけない、怖れてはいけない　124
◆一番先に血が汚くなる　125
◆天は自ら助くるものを助く　126

◆矢でも鉄砲でも持ってこい　128
◆命の生きる力を守る、特別な作用がある　129
◆人間の生きる「六つの力」　130
◆病は忘れることによって治る　131
◆生きている間は楽しく生きていこう　132

七章　きょう一日、怒らず、怖れず、悲しまず

◆すぐ悲しんで、つらがってちゃいけないんだよ　136
◆一切の苦しみをも微笑みに変えていくようにしてごらん　137
◆少しでも消極的だと思ったら、心から追い出しちまうこと　138
◆心は秘密の玉手箱　139
◆人生のゴールデン・キー　140
◆みんな自分以外のせいにするのは了見違い　141
◆消極的な言葉を絶対に口にしないこと　143

◆その思い方、考え方を打ち切りさえすれば 144
◆正真正銘の心の世界 145
◆自分の人生を価値高く活かさなきゃいけない 146
◆本当に心が清い状態であれば 147
◆理性心というものは心を統御する力はない 148
◆我が心に「憎しみはないか」と問うてみよう 149
◆終始自分の心の監督をしていかなければならない 150
◆生まれたときのその心は尊く強く正しく清い 151
◆果てしのない大宇宙よりも 152
◆いかに人の心が広大無辺であるか 153
◆祈らずとても 神や守らん 154

八章 幸せを求めているあなたへ

◆もっと幸せにおなんなさい 156

◆自分でしないで、待っているかぎり、来やしないよ　157
◆自然と幸福な人生が与えられるようにできてる　158
◆あなた方自身のなかにあるんだぜ　159
◆空間というものを超越してしまう　160
◆心が積極的になれば　161
◆苦悩を楽しみに振りかえるというのは　162
◆自分自身を自分自身が磨かない限り　164
◆今度は腹で受けるようにしてごらん　165
◆感情を統御し得るところに、人間の価値がある　166
◆笑いは無上の開運剤　167
◆僅かな喜びを、非常に大げさに喜ぶと　168
◆本人が幸福化している以上は不幸はありゃしない　169
◆はたからどんなに幸福そうに見えても　170
◆お互いに相譲り、相敬い、相たのしみ　171
◆何事も考えないときが一番無事　172

◆正しきものに従えば、正しからずものは出てこない　173
◆今日から幸福になって遅くない　174
◆明日死を迎えるとしても　175
◆気のついた時が新しいバースデイ　176

九章　思いやりの心をもてば

◆まごころがこもってなされるのと、そうでない場合は　178
◆人の世のため、人の喜びのため　179
◆どんどん花が咲いてくるんです　180
◆力を働かせることに重点をおく　181
◆働くのは人間の生まれついた役目　182
◆目に見えない大きな恩恵　183
◆無言の犠牲を提供して何の苦情も言わない　184
◆ありがたい恩恵でわれわれは生きている　185

◆尊い心の報われが、即座にひとりでにくるよ 186
◆自分自身の心に感じる快さ、嬉しさは形容できない 187
◆どんな人間にもあるんだよ 188
◆自然と親切という気持ちも出てくるんだ 189
◆さあ心配するな！　俺が来たからもう大丈夫 190
◆お互い勇気づける言葉を 192

十章　現在感謝、現在感謝

◆いかなることがあっても、喜びを感じ、感謝を感じ 194
◆たのしい、おもしろい、嬉しいにまさるものはない 195
◆事あるごとに、「ああ、ありがたい、ありがたい」 196
◆どんな場合でも、自分の中に曇りというものがでてこない 197
◆ケチな気持ちは、海の中なり山の中に捨てちまえ 198
◆爛漫たる喜びの世界になる 199

本文イラスト／中村みつえ

一章　人生は心ひとつの置きどころ

心もちをぱっと変えちゃえばいいだけ

自分の人生を極楽にする秘訣は、いたって簡単なんです。
心のもち方を切り替えりゃいいんです。
心もちを、ぱっと変えちゃえばいいだけなんだから。
まことに人生は、心ひとつの置きどころなんです。

おもしろく考えりゃいい

たとえば嫌だと思うことを、
好きになればいいんだよ。
つまらないっていうことを、
おもしろく考えりゃいい。

自分が呼び寄せなければ来やしない

運が、むこうから、みなさんのほうへお客のように来るんじゃないんですよ。
すべての幸福や好運は自分が呼び寄せなければ来やしないです。

幸福や好運は、
積極的な心もちの人が好きなんですよ。

人生を良くするも悪くするも、自分の義務

人間、この世に患《わずら》いに来たとか、不運になりに来たのならばともかくも、そうじゃないんですもん。

人間というものは、もっと大きな仕事をしに来た。

人生というものは負け惜しみや屁理屈じゃ解決がつかない。生きてることは現実なんです。

だから、現実の人生を良くするも悪くするも、
それは自分の義務にあるんだから。

生まれながら与えられてある

人間の生命には、生まれながら与えられたる天賦《てんぷ》の積極的精神というものがある。

その天賦のもの、一番尊いものが自分の生命を完全につくりあげる原動力的要素をなす。

生まれながら天賦のものとして与えられてあるのだから、この与えられたものを発現できないはずはないんだという敢然《かんぜん》たる信念を、我と我が心にもつことであります。

意志なるものが最高の統率者

自分の心を操縦し、またこれを完全に支配する威力をもっているものは、実に意志というものよりほかにには絶対にない。

意志なるものが、心の働きの一切を統率する最高の統率者なんです。

積極的ということ

心の態度が積極的というのは、
いついかなる場合であっても、
心の尊さを失わず、 また強さを失わず、
さらに正しさと清らかさを失わないというのが、
積極的ということなんです。

運命だって、心の力が勝《まさ》れば、
心の支配下になるんです。

心はもっともっと偉大な作用をもつもの

心というものは世間一般の人々が考えているような小さなものじゃないんです。もっともっと偉大な作用をもつものだということを自覚しなきゃ。

同時に、その作用を完全に、こうやって生きている心身、毎日の人生に応用すれば、まさしく人生はその生涯を通じて極めて生きがいのある状態で生きられることになるんです。

心の情熱の炎でありありと描くんです

あなた方が、思いどおりの人生を生きようと思うなら、「ああなりたいな」とか「こうなりたいな」と思うだけでは足りない。

もうそうなった状態を心のなかに情熱の炎で、ありありと描くんですよ。

オリンピックの聖火のごとくにね。

本当の幸福というものは

我々は、どんな場合にも、人生の幸福というものを安易な世界に求めてはいけないということ。無事平穏を幸福の目標としないこと。

したがって、苦悩を嫌い、それから逃れたところに幸福があると思っては断然いけない。

というのは、そういうところに本当の幸福というものは絶対ないからなの。

本当の幸福というものは、健康や運命の中にある苦悩というものを乗り越えて、それを突き抜けたところにあるんだ。

幸福を本当に味わおうと思う秘訣は

自分が嫌な運命のなかに生きてる場合でも、
注意がもっと良い運命の方に振り向けられていれば、
たとえどんな運命のなかにいたって
それを気にしなくなる。
幸福を本当に味わおうと思う秘訣はここにあること
を考えなければ駄目だ。

人生の真の幸福は、あらゆる苦悩を苦悩とせざる心の中に存在する。

自分の心の宮殿の中はあくまでも尊いもの

変な気持ち、心持ちを感じたら、「これは自分の本来の心でないんだと。

自分の心の宮殿の中はあくまでも尊いものでもって、ほかのものをおらしめないぞ」と。

これも何遍でも戦うつもりで努力していってごらん。

それは一遍や二度や三度や五度や十度や百遍や千度でもって成功しやしないんだから。

心の態度が積極的になると、
心の力が不可能を可能に逆転せしめる。

闇を消す光

光が照らされれば闇は消える。
夜の暗いときに明りをつければ、
その闇を防げる。

心の中に燦然たる光が出てくる

きのう怒ってたら、反対のことを考えりゃいいだけだ。気が落っこちてたら、反対のことを考えりゃいいだけだもの。

そうすると、反対のことを考えた、いわゆる消極的に対する反対は積極的だから、積極的なことを考えただけで、その心の中に燦然《さんぜん》たる光――闇を消す明り――が出てくる。

実行がおろそかにされると

「実行」ということがおろそかにされると、どんないい方法を聞いても、その理解が現実化されない。現実化されないと、結局、空中に楼閣《ろうかく》（高く立派な建物）を描いた結果になってしまいます。

たとえば、知らない土地へ行った。目的の場所がわからない。

その土地の人から目的の場所に行く道筋を聞いた。

その道筋をどんなに詳しく説明され、わかったとしても、教わったとおりに実際に歩き出さなきゃ目的の場所に着きっこないでしょう？

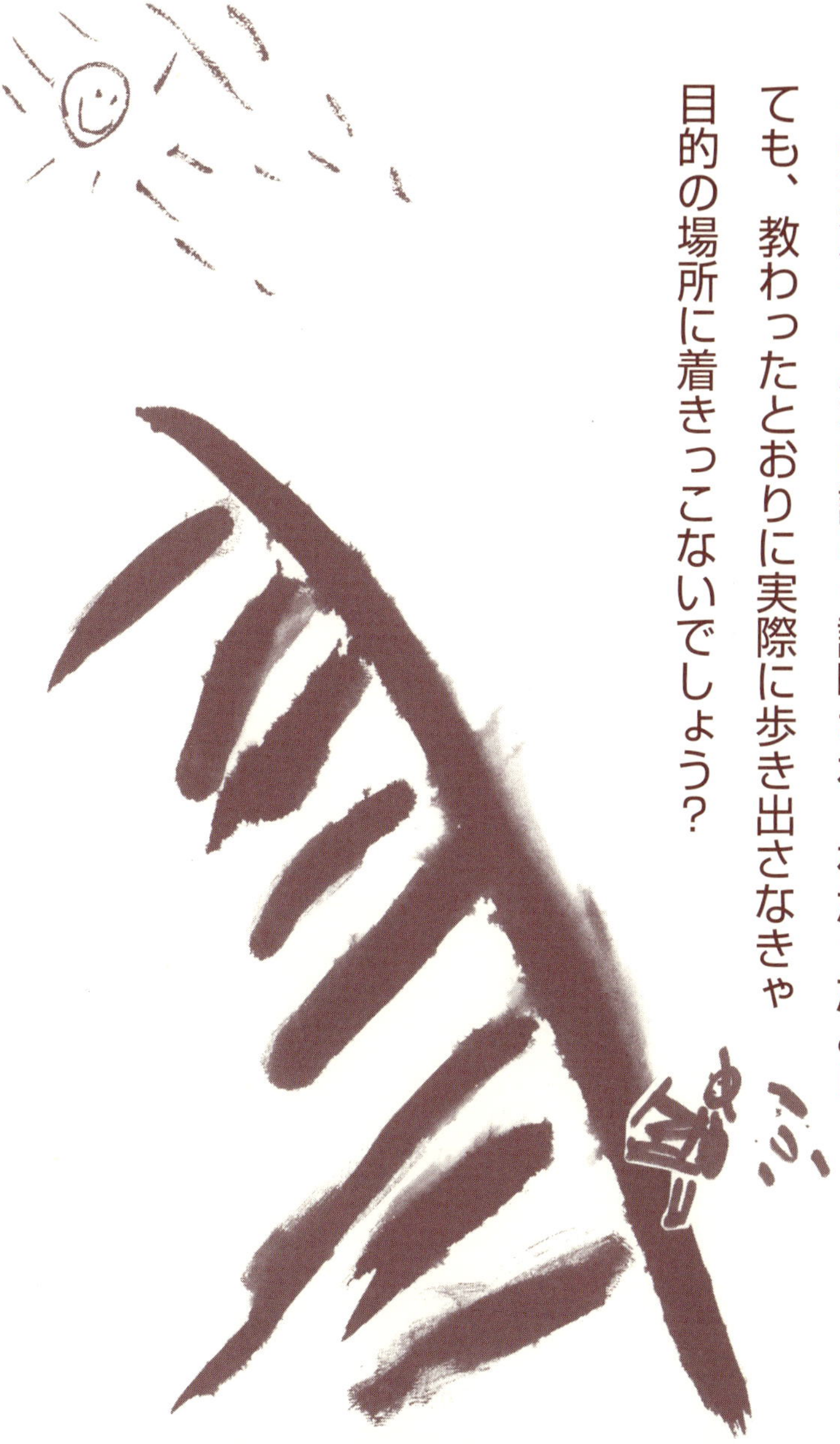

蒔いたとおりに花が咲く

「自分が知ってか知らずかに関《かか》わらず、蒔《ま》いたとおりに花が咲く」

ほんとうに、そうなんです。

ですから、現在のあなた方の思い方や考え方が、これからの人生において、どんどん花を咲かせるんです。

自分の中にすばらしい幸福感を持てる人間

どんな場合にも、自分の心の中にすばらしい幸福感を持てる人間になることを心がけなきゃいけない。

そうすりゃ、苦悩の世界にいて、しかも苦悩を感じない人間で生きられるという本当の幸福を味わえるからだ。

人生の三大不幸である病や煩悶や貧乏というものを

乗り越えて、天地の終わるまで、いわゆる寿命の来る日まで、
極めてこれはもう、形容のできない楽しさと嬉しさを感じながら生きられるようになれるのです。

二章　言葉は人生を左右する

人生を勝利にみちびく最良の武器

言葉には人生を左右する力があるんです。
この自覚こそが人生を勝利にみちびく最良の
武器なんですよ。

常にお互いに喜びを与える言葉を

常に積極的な言葉を使う習慣をつくりなさい。
常に善良な言葉、勇気ある言葉、
お互いの気持ちを傷つけない言葉、
お互いに喜びを多く与える言葉を使おう。

「ああ、ありがたい」「ああ、楽しい」「ああ、嬉しい」

どうせ言うなら「ああ、ありがたい」「ああ、楽しい」「ああ、嬉しい」って言ってごらんよ。

積極的な言葉を自分が発すれば、期せずして病も運命も、どんどんよくなっていくようになるんですよ。

暑いなあ、余計元気がでるなあ

暑いときでも「暑いなあ、やりきれないいなあ」、これがいけない。

暑い寒いは感覚だからそれは言って悪いとはいわない。

「暑いなあ」と言ったなら、あとにもっと積極的なことを言ったらよいではないか。

「暑いなあ、余計元気がでるなあ」と。

明るく、朗らかに、イキイキとして勇ましい

常に、人と接するときは、明るく、朗《ほが》らかに、イキイキとして勇《いさ》ましい態度で応接するように。

積極的な態度で人に接するためには、いついかなるときにも、本心良心にそむく言葉や態度は、だんぜん言ったり、行ったりしないようにすることです。

言ってよくなるなら、どんどん言いなさいよ

具合が悪いときに具合が悪いと言ったら、具合が悪いのが治りますか？

運命が悪いときでも「ああ、俺はなんてついてないんだ」って言ったら、運命がよくなりますか？

言ってよくなるなら、もうどんどん言いなさいよ。

でもね、よくなりゃしないですよね。

私いつも言うでしょう。現在ただいま、すべてに感謝しなさいって。

むずかしい言葉を使えば、人生に生きる瞬間瞬間の思い方、考え方を変えるってことが、結果において、尊い人生観というものを、本当に頼もしく変えられる大根《おおね》大本《おおもと》なんです。

なにはさておき、現在感謝

なにはさておき、現在感謝《げんざいかんしゃ》ということを、自分の心の中に、本当にどんな場合があっても、ゆるまないように注意ぶかく堅持《けんじ》しなさい。

「いやだなあ」とか、「つまんねーな」と思うのは、結局、現在感謝がピンボケになってるからですよ。

この世は、本質的に楽しい、嬉しい、調和した世界

この世の中は、苦しいものでも悩ましいものでもない。
この世は、本質的に楽しい、嬉しい、そして調和した美しい世界なのである。

心が微笑ましくなることだけを考えていればいい

どんなことでもいいから、思うほどに、考えるほどに自分の心が何となく勇ましく、微笑ましくなるようなことだけを考えていればいい。観念の世界は自由だ。楽しいこと、面白いこと、嬉しいこと、自然と微笑まずにはいられないようなことを考えればいいんです。

今日一日、本当にありがとうございました

私は毎晩の寝がけに、

「今日一日、本当にありがとうございました。本当に嬉しく、ありがたく、これからやすませていただきます」

と一言いって、床の中に入る。

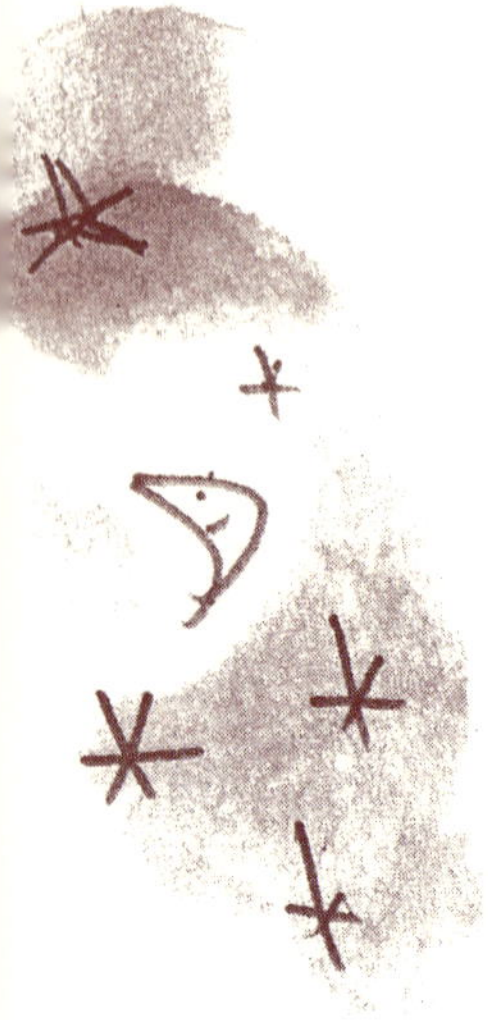

今日一日、この笑顔を壊すまいぞ

朝起きると、まず第一に、ニッコリと笑う。

そして、

「今日一日、この笑顔を壊すまいぞ！」

と自分自身に約束する。

喜びをわかち合う言葉を、言い合おうではないか

とにかく一日の人生を生きるときに、
お互いの気持ちに勇気をつける言葉、
喜びをわかち合う言葉、
聞いても何となく嬉しい言葉を
言い合おうではないか。

三章　つらいことがあっても笑え

知識だけ磨いて人間が幸福になれるなら

もし知識だけ磨いて人間が幸福になれるなら、学問を一生懸命勉強した人はみんな幸福になれそうじゃないか。

そして学問を勉強しない人はみんな不幸であるべきはずだが、そうじゃないでしょう。

理屈べらべら言う奴が、案外人生をのたうちまわって生きている場合が多い。

いくら学問しても、いくら経験を積んでも

もちろん、何をするにも知識の必要なことは言うに及びません。

また経験というものが自己をつくり上げるうえで重要な条件であることは間違いありません。

けれども、いくら学問しても、いくら経験を積んでも、自分の心の中の積極性というものが欠けていたらば、その知識もその経験も本当にそれが理想どおりに具体化されないのであります。

笑えば心もちは、のびのびと朗らかになります

なにか悲しいこと、つらいこと、そのほか消極的な出来事があったら、努めて「笑う」ようにしてごらん。

笑えば心もちは、何となくのびのびと朗《ほが》らかになります。

すなわち鬱《うつ》な気が開けるんです。

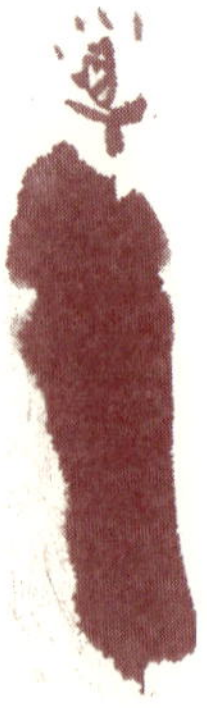

なんだかおかしくなってくるから

ためしに、おかしくもなんともないときに、
「アハハ」って笑ってみてごらん。
なんだかおかしくなってくるから。

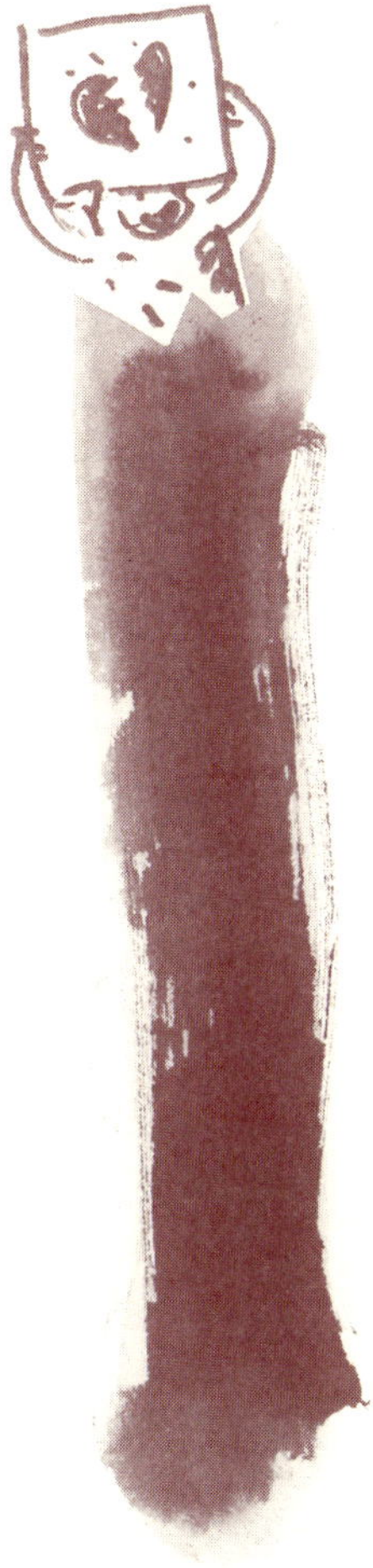

人間には、はかりしれない苦しみと悩みとがあるんです

人間は万物の霊長《れいちょう》として創造の大使命を行うために、この世に生まれたのですから、他の生物とは比較にならないほどいろいろな恩恵《おんけい》を授《さず》けられています。が、半面においては、その人生に重い大きな負担を負わされています。

したがってその実際生活を営むとき、はかりしれない苦しみと悩みとがあるんです。

笑いは人間だけに与えられた特別のもの

笑いというものは、その苦しみや悩みに疲れる心や体を、「ほどよくこれをもって調和せよ」ということで、人間だけに与えられた特別のものに他ならないんですよ。

笑うと、必然的に「へそ」がむくむく動きだす

笑いというものが、なぜ健康にも運命にも、非常に大きな効果があるかというと、笑いと「へそ」との関係であります。

笑うと、必然的に「へそ」がむくむくと動くんです。

「へそ」の動きがすこぶるいい効果

「へそ」が動くにつれ、「へそ」を中心として背中へ通じている腹筋のリズミカルな振動と、伸び縮みとが、腹筋神経を通じて脳髄にとてもいい再反射作用をうながします。

その結果、神経系統の興奮をしずめる結果がでるんです。

笑うにつれて、幸福と好運がどんどん開けてくるから

終始一貫、笑顔でとおすようにしてごらん。不運な人、体の弱い人は、ひとしお、笑いに努力するんだ。笑うにつれ、人生の幸福と好運がどんどん開けてくるから…。

心の中に愉快な爽やかさが

ウフフフ、エヘヘへと、人知れずやってごらん。

何となくおかしくなるから。

おかしいな、という気分を出しただけでも、人間、心の中には愉快な爽やかさが出てくる。

清く、尊く、強く、正しく

いつも「清く、尊く、強く、正しく」という積極的態度で終始しなければならない。そうすれば、自分でも不思議なほど、元気というものが湧き出してくる。

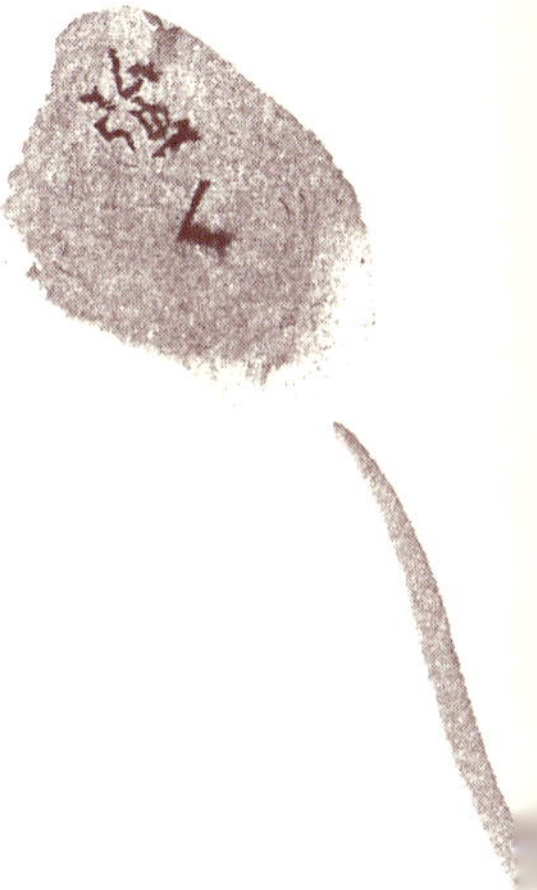

健康や運命に関係なく、いつも元気で
いられるのが人間なのである。

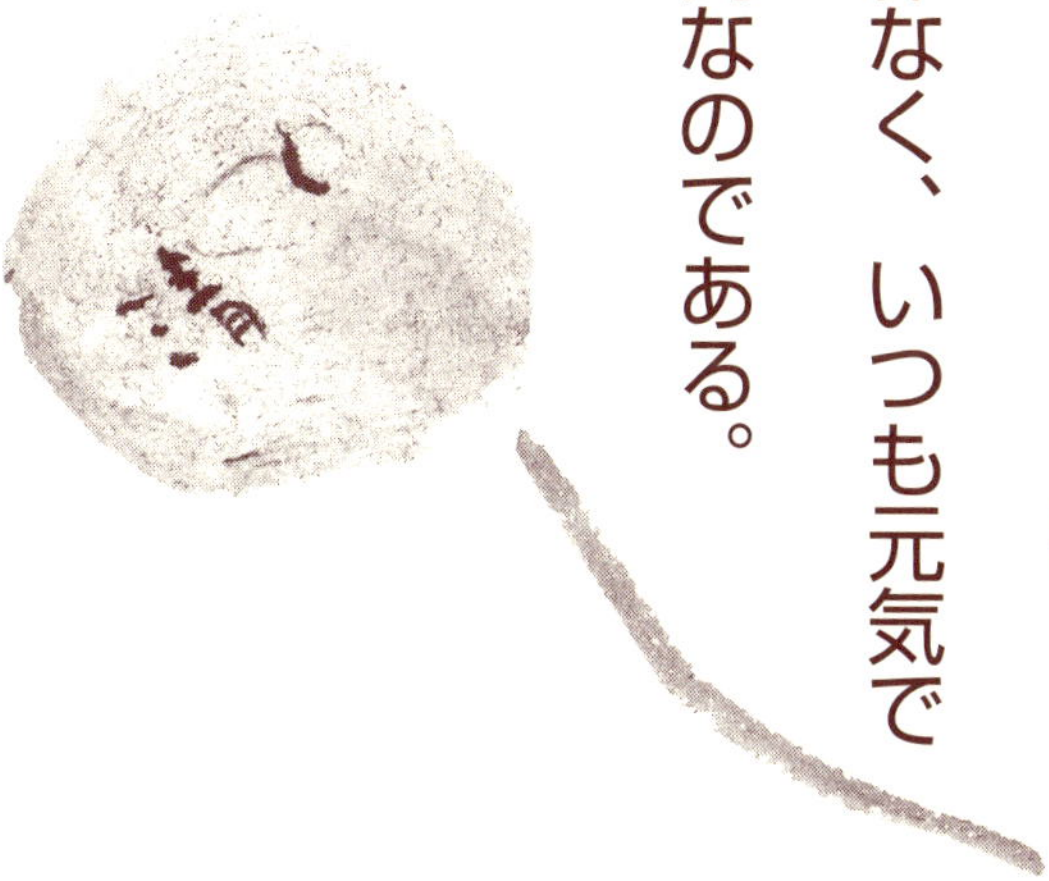

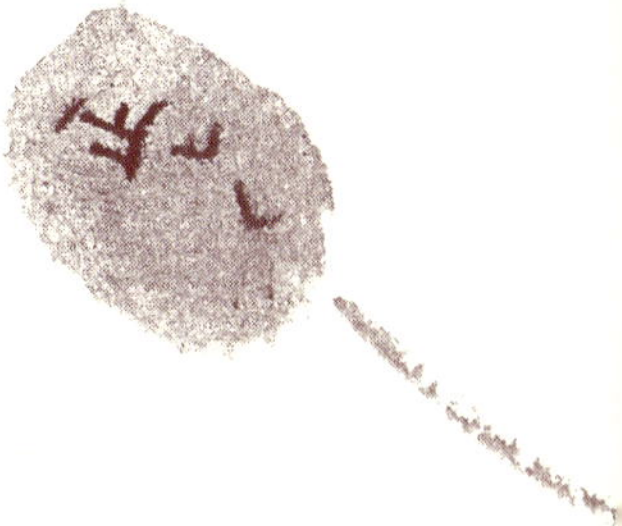

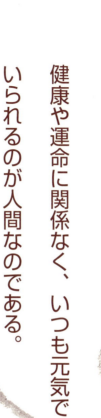

元気という気が出たときに

そしてその元気、つまり元の気が、ただちに「先天の一気」を呼びよせ、つまり原動力となり、健康的にも、運命的にも、すべてのことが完全に解決されてくる。元気という気が出たときに、人間と大自然が完全に結びついたことになるからである。

事実、元気が出たときには、何ともいえない爽快さを感じるものである。

「自分は力だ」ということを、
断じて忘れてはならない。

歓喜の世界に悲哀はなく、
感謝の世界に不満はない。

四章　世の中は、人、人、人の持ち合いだ

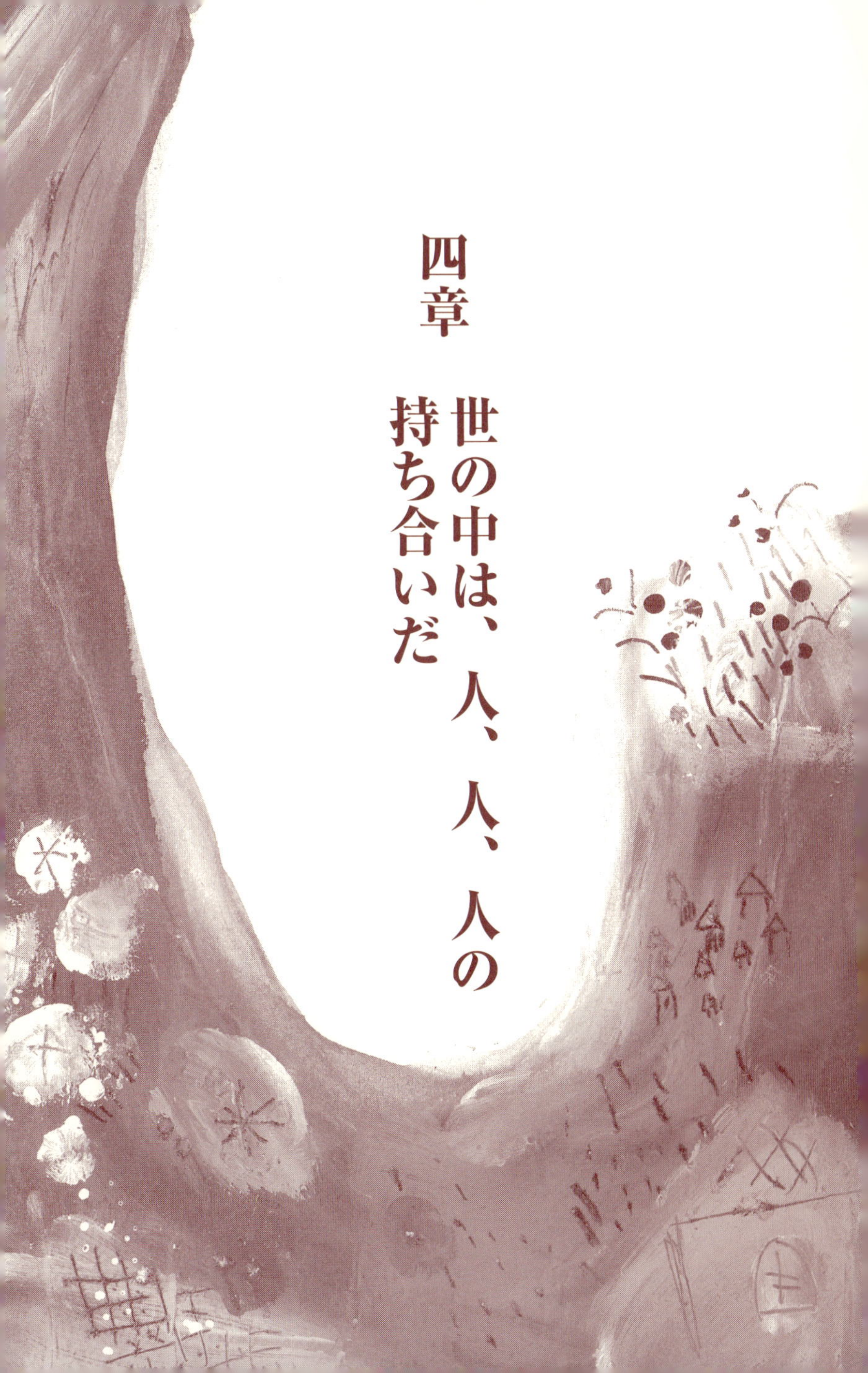

他人に好かれる人間にならなければいけない

何をおいても、

「他人《ひと》に好かれる人間にならなければいけない」

ということである。

これが、人生の一番の根本基礎《こんぽんきそ》である。

どんなに学問ができようが、どんなに経験を積もうが、どんな手腕をもっている人間であろうが、他人に好かれない人間というものは、もうだんぜん、有意義な幸福な人生に生きられない。

これは論より証拠でね、成功者を見てごらん。

いずれもその周囲と親しみ穏やかに溶け合っていますから。

周囲と、のべつ争いを繰り返している成功者なんていうものはいやしません。

他人に好かれようと思ったら、何よりも自分があまり好き嫌いのないようにすることである。

「俺はあいつが好きだ」

明智光秀という人は、美濃の国の斉藤道三《さいとうどうざん》の縁戚《えんせき》であり、そして学問教養があり、軍略兵法に長《ちょう》じ、戦《いくさ》が非常にうまくしかも射撃の名手だった。

だから本来ならば一番先に頭角《とうかく》をあらわすべきはずなのだが、他人《ひと》に好かれるという要素が極めて少なかったのが災《わざわ》いしたのであります。

主人の織田信長という人は歴史でご存じのとおり、戦には強かったが、わがまま勝手で非常な疳癪《かんしゃく》もち。

その乱暴な主人に仕えた秀吉の「他人に好かれる要素」というものは、ありがたいものですな。ずいぶん大きな失敗もしたけれども、「阿呆《あほう》」という信長の大喝《だいかつ》だけで済んでしまう。

秀吉が、後の雁《かり》が先になるようにどんどん出世するので、あるとき大番頭の柴田勝家が、他の家来たちの思惑も考えて信長を諫《いさ》めたところ、

「俺はあいつが好きだ」

と言って信長は、ニッコリ笑ったといいます。理屈はないんですよ。

どんな場合にも「真心の親切」で

好き嫌いのはなはだしくない人間になろうと思ったら、どんな場合にも「真心《まごころ》の親切」でもって他人に接することである。

真心の親切、これは大変むずかしいと思うかもしれないけれども、むずかしくも何ともない。

自分のことをするときと同じ気持ちで他人のことをしてあげればいい。

「もしも、自分がこういう立場になったら」と考えたなら

「もしも、自分がこういう立場になったらどうだろう」
と考えたならば、
骨身《ほねみ》を惜しまず真心《まごころ》で力添えしてやる、
それが人間として必要だというのである。

そしてもう一つ大事なことは、真心の親切をすると同時に、「絶対に他人《ひと》に迷惑をかけない」ようにしなくてはダメである。

この、多い人の中で、なんと不思議なるかな

考えてみましょう。

この人、人という多い人の中で、なんと不思議なるかな、求めざるに親子になり、兄弟姉妹となり夫婦となり、あるいは親族となり、あるいは親しく知り合う間柄になるというこの事実を、これを不思議と思いませんか？

これを不思議と思わない人こそが不思議なのであります。

憎い人間があろうはずがない

憎い人間があろうはずがない。
同じ時代に同じ生命をお互いが生きて、
それで相知り合いとなってる人間に憎む相手が
あってたまりますか。
向こうが憎らしいんじゃない、
あなた方の心が憎んでいるだけだ。

たった一人じゃ、おもしろくもおかしくもないでしょ

自分さえよけりゃいいっていうんだったら、
人間のいない無人島に連れてってあげる。
無人島でいくらカネができても、
いくら別嬪《べっぴん》でも、いくら学問があっても、
よしんばその無人島の
王様になったって、たった一人じゃ、
おもしろくもおかしくもなんともないでしょ。

昔の歌に「箱根山、籠《かご》に乗る人、担《かつ》ぐ人、
そのまた草鞋《わらじ》をつくる人」というのがあるけど、
世の中は人、人、人の持ち合いだ。

他人がいるから自己が生きてられるんだ

自己の生きてる世界には、他人がいることを忘れちゃいけない。

それで他人がいるから自己が生きてられるんだ、ということも忘れちゃいけない。

ただもう自己本位に自己本位に生きることがいいと思ってる人、よく考えなさい。

常に正直、親切、愉快を忘れないで

お互いに助け合いがこの世の中の本来の姿だという
ことがわかったらば、
どんな場合があろうとも、
常にこれはもう正直、親切、愉快を忘れないで、
常に平和と愛を失わない。

今、憎んでる人間がいやしないか

今、私の心の中のどっかに憎んでる人がいやしないか。嫉《そね》んでる人がいやしないか、恨んでる人間がいやしないか。

そういうものが少しでもあなた方の心の中にたとえ一人でもいるような心を持ってる人は、さもしい、卑《いや》しむべき下等な人だ。

常に和の気持ちで終始応接するということ

何よりも必要なことは、日日《にちにち》の人生生活を、どんな場合、またどんな事情があろうときでも、常に和の気持ちで終始応接《おうせつ》するということ。このことの実行を、より一層今日以後真剣に徹底されたいのであります。

断然、自分の心に争いの気持ちを起こさせないことなんです

事の如何《いかん》を問わず、事情のなんたるを言わずです、断然、自分の心に争いの気持ちを起こさないことなんです。

常に親しみ穏やかに溶け合うという和の気持ちを心に堅く持つことです。

「あ、私が悪かった」というふうに言っちまうと

私のところじゃ、何か事が起こるだろ。そうすると、「あ、私が悪かった」とこう言う。

誰でもいいから、私が悪かったってことを言って罪を背負ってしまうと、喧嘩にならない。

「あ、私が悪かった、そこにそれを置いたもんだから、壊れたのね」というふうに言っちまうと、これ、喧嘩にならないよ。

寛容さを失ってはならない

自分に対しては、常に厳然としてつつしまねばならぬことは何よりも必要のことであるが、自己以外の人に対しては、あくまで清濁《せいだく》併《あわ》せ呑《の》むという寛容さを失ってはならない。

心の態度が積極的であれば、
敵も味方に
せしめられるんであります。

五章

迷いがあるから悟りがあるんだ

自分で思うこと願うこと、ひとつも叶わないのは

世の中の凡俗《ぼんぞく》っていうものは、自分で思うこと願うこと、ひとつも叶わないという。叶わないはずだよ、叶わないことばかり願ったり、望んだりしてんだもの。

変なものにウインクを与えなさんな

あなた方のほうでもって
ウインクを与えるから、
貧乏神が来るんだ。
変なものにウインクを与えなさんな。

持たずにいいものを
誰にも頼まれもしないのに
一生懸命持って、重い、重いと困ってる。

やれ運命がつまらないの、
人生がつまらないって人は、
その考え方がつまらないんです。

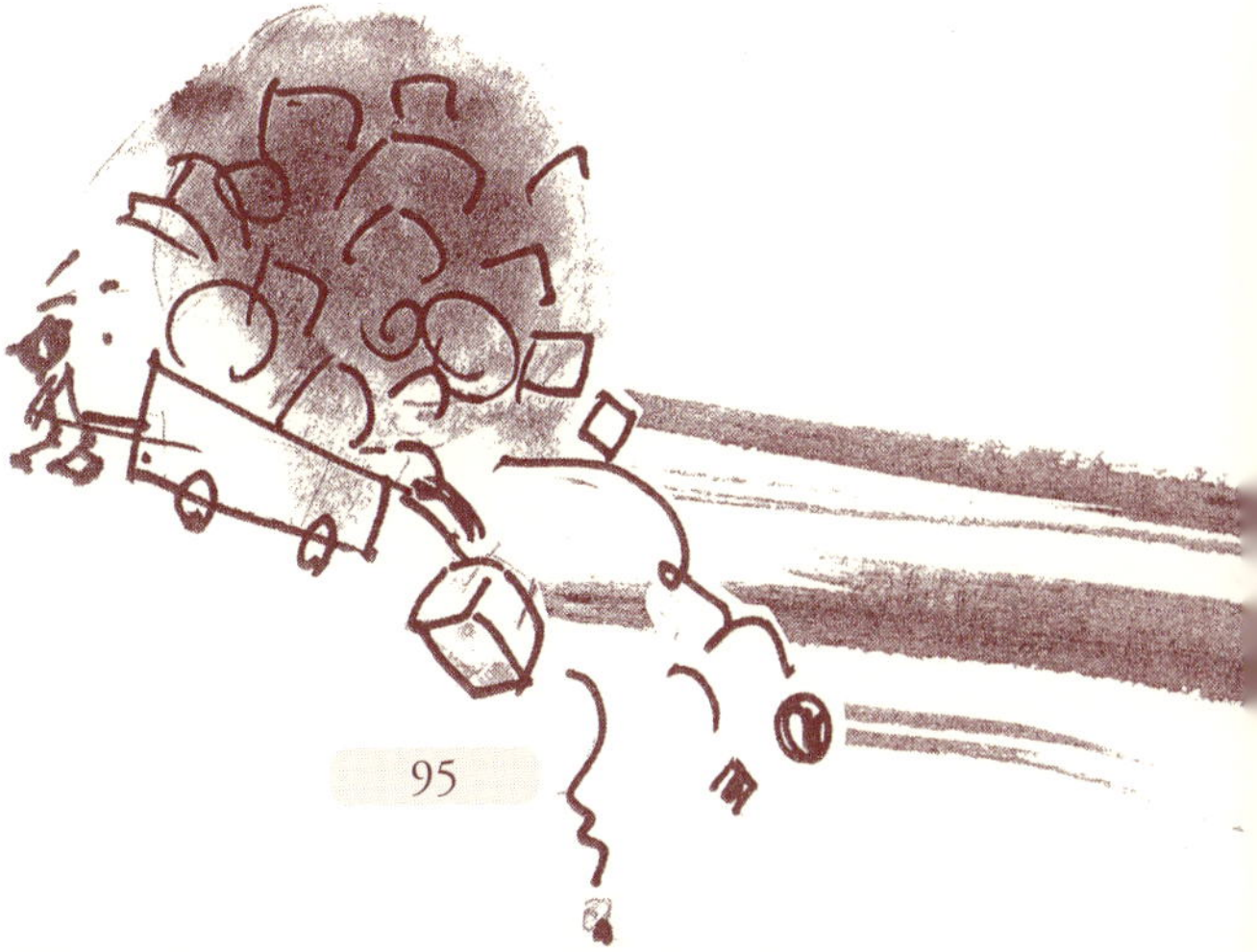

心に使われちまうからいけないんです

あなた方は心に使われちまうからいけないんです。

心と体というものは使って生きていくように必要なものだから、この命に与えられてある。

それを何事ぞ、特にこの心というものがしょっちゅう価値のないことばかり考えたりしてるのは、心に使われてるからだぜ。

心というものは生きるために使う

心というものは、厳粛に言うと、
生きるために使うので、
使われるためにあるんじゃないんだから、
これ忘れちゃダメだよ。
心に使われたら最後、
人生はたちまちその価値を失う。

自分の人生は、どこまでも自分自身が守るべき

人生は人に頼るべからずということが厳粛な真理だと思いませんか。

自分の生命、自分の人生は、どこまでも自分自身が守るべき義務のあり、また責任のあるものだと思いませんか。

アクシデントは必ず自己が蒔いた種に実が成ったもの

あなた方は、自分が現在あるのは、
あなた方の心のなかで思っている考え方が、
原因的なものを全然考えないで、
これは俺の蒔いた種じゃないと思っている。

事の大小は問いません。自分が知る知らざるとも問わない。

すべて人生の出来事は偶然に生じたもんじゃありま

せん。
アクシデントというものは必ず自己が蒔いた種に
花が咲き、実が成ったものなんです。

心の態度を変えない限り

「ああ、幸せだなあ、と思うようなことは、運命的にも、健康的にも、一度も味わったことがない。だからそう簡単には思えない」

という人がいるならば、それは結局、心の態度が変わっていないからで、心の態度を変えない限り、思いたくとも思えない。

第一、思おうとする気持ちが出てこないのである。

まず、さびを取ること

さびついた車は、回そうとして油を注いでも回らない。まず、さびを取ることである。

そうしないと、苦痛や苦難をそのまま、いきなり自分の心のものにしてしまう。

迷いがあるから悟りってやつがあるんだ

迷いがないと悟りがないんだよ。
悪があるから善があるんだ。
善があるから悪がある。そうだろ。
迷いがないと悟れないんだ、迷いがあるから
悟りってやつがあるんだ。

これは自己冒涜です

自分が自分の感情の荒波に巻き込まれて、
のた打ち回って生きる人生に生きるぐらい、
恥辱《ちじょく》なことはない。
これは自己冒涜《ぼうとく》です。

取り越し苦労を当然だと思う人は、
何のことはない、自分の運命の墓穴を
自分で掘っている愚かな人なのであります。

心が弱くなると、神経の働きも弱まっちまう

心の尊さと強さと正しさと清らかさが、万が万一にも失われてしまうと、心が弱くなる。

すると、たちまちものの声に応ずるように神経の働きも弱まっちまうんであります。

これが命を生かしてる中枢《ちゅうすう》の力でありますから、中枢力がボルテージをおとしちまったらば、命もたちまちものの役にも立たないことになるんですよ。

心のたてなおしに努力なさい

だから、心のたてなおしに努力なさい。いかなる場合があろうとも、尊さと強さと正しさと清らかさを失うまいぞってね。

そのために、いいかい、自分の心の中に「悲観的なもの」「消極的なもの」を一切、入れないことです。

人生はやせ我慢や空威張りでは解決しない

人生はどこまでいっても現実の世界ですから、やせ我慢や空威張りでは解決しないのです。現実の世界は、あくまでも現実の理解を現実に実行してのみ、それは解決されるのです。

ジンクス、易、縁起、そのほかの迷信的な行為をする人は、自分に消極的な暗示をかけている。

悲しければ明日悲しめばいい

あなたたちは、今夜、寝て、起きれば、明日が来る、と思っているだろう。寝て、覚めて、明日になってごらん。明日が、今日になるから……。

だから、明日という日は、日向《ひなた》の影法師《かげぼうし》と同じで、いくら追いかけても摑《つか》まらない。

だから、悲しければ明日悲しめばいい……。

明日悲しもうと思って、翌《あく》る日、目が覚めると今日になるから、また明日になる……。

夜はいいことを考えるんだ

昼間、起きているときには、われわれが、ああ、いいな、これは共鳴するわ、と感じたこと以外のものは、潜在意識の中に入らない。

ところが、夜の世界だけは、特に寝がけに、寝床の中に入ってからは、この精神のアンテナというものは、無条件に、よいことでも悪いことでも、もうすべてが、差別なく入りこんでしまう。

だから、いいことを考えるんだ。

嘘でもいいから

嘘でもいいから、俺は優れた人間だ、俺は思いやりのある人間だ、俺は腹の立たない人間だ、俺は憎めない人間だ、俺は焼きもちを焼かない人間だ。

こう思えばいい。

寝がけだけは絶対に尊い人間になるんだ

夜の寝床の中だけは、神の懐《ふところ》の中へはいったような、おだやかな気持ちになってごらん。今夜から、寝がけだけは絶対に尊い人間になるんだ。どんなに体にいい結果が来るか、やってみたものだけが知る味だ。

やってごらんなさい。今夜から。

六章

たとえ身に病《やまい》あれど
心まで病ませない

人間というものは幸せに生きられるんですよ

現在病んでいる、あるいは不運な人に
私は声高く言いたい！
人間というものは、幸せに生きられるんですよ、
幸福にね。

心や肉体は人がいろいろな方便を行うための道具

心や肉体というものは、うわべだけで考えると人間そのものであるかのように見えるが、実はそうではない。

わかりやすく言えば、心や肉体というものは、人がこの世に生きるのに必要ないろいろの方便を行うための道具なのである。

心がそれから離れているときは

どんな病にかかっていようと、
どんな悪い運命にいようと、
心がそれから離れているときは、
それがあるもなきに等しいということを、
考えなきゃだめなんだよ。

人間だけに与えられた秀れた力というのは

価値高い人生に生きようとするならば、なにをおいても、どんな場合にも、自分の心を、へこたれさせてはいけないのです。

心が消極的になったら、もう、健康はもちろん、運命もぜんぜん、ほころびてしまうんです。

なぜかというと、人間の生命のなかにある人間だけに与えられた秀れた力というのは、心のもち方一つで、その人間の生命をプラスにもマイナスにもする、そこに恐ろしい差別があるんですよ。

心だけは病や不運の虜にさせないことです

よしんば身に病《やまい》がおこった場合であろうと、
運命にままならない状態が生じた場合であろうとも、
その心だけは、病や不運の虜《とりこ》にさせないことです。

あなた方の心は病になってやしない

もっとはっきり言えば、

「たとえ身に病あれど心まで病ませない、たとえ運命に非なるものあれど心まで悩ませない」

ということですよ。

病になっているのは肉体であって、あなた方の心は病になってやしないんですよ。

「生命の生存」を確保する「生き方」

人間が人間らしく生きるのには何をおいても、
まず第一に我々は
「生命の生存」を確保する「生き方」
を考えなければならないのです。その次に、
「生命の生活」という「活かし方」を考える。

自分が自分の生命の主人でなきゃいけない

人間というものは、いかなる場合があっても、運命の主人公であらなきゃいけない。

運命の主人公であろうとする場合には、まず第一番に自己が自己の生命の主人でなきゃいけない。

主人が自分の支配下に置かなきゃならない生命を悲しい状態や失望した状態で表現したら、一体生命は何を頼りに生きる。

支配権を放棄するようなことをしたら、

生命は一体どうなる。
悲鳴をあげたらば、心の状態が崩れてしまう。
これは支配権を放棄したと同じことに
なりゃしないか。

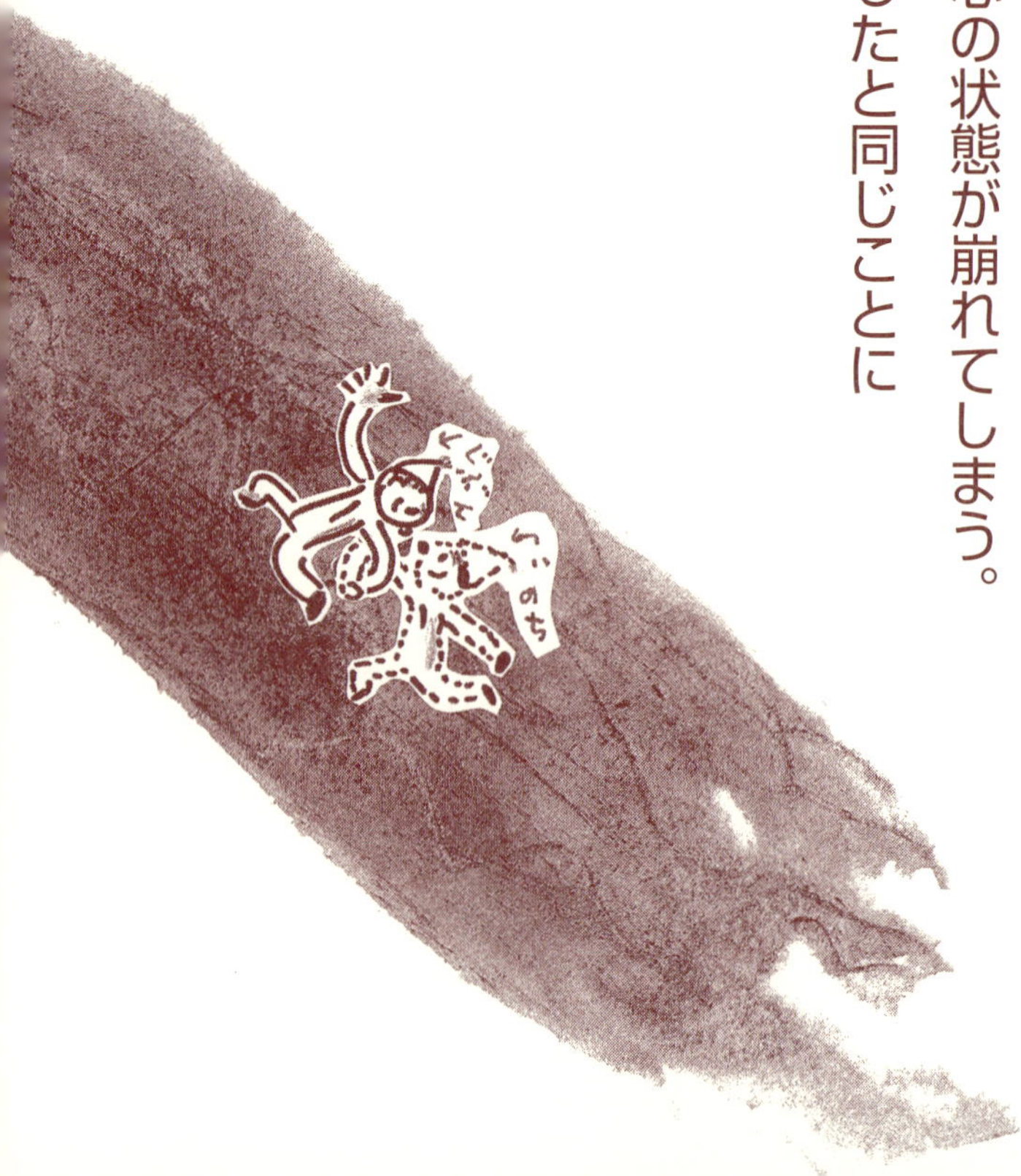

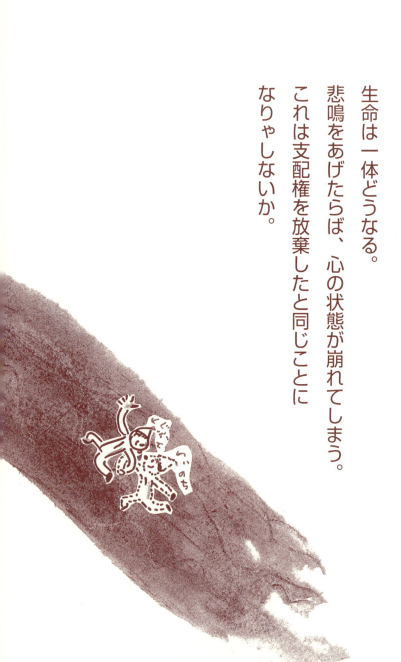

第一番に必要なものは
「体よりも大事に心というものを
積極的に生かさなきゃいけない」
ということ。

怒ってはいけない、悲しんではいけない、怖れてはいけない

我々が注意にも注意をしなきゃならないことは、
怒っていけないことと、
悲しんでいけないことと、
怖れていけないことなんだ。

一番先に血が汚くなる

怒ったり悲しんだり怖れたり悶えたり憎んだり、
迷ったり悩んだりすると、一番先に血が汚くなる。
アシドーシス（血液の酸性度が高くなりすぎた状態）。
一番、肉体健康を丈夫に生かそうとするところの
血液が濁っちまうんだ。

天は自ら助くるものを助く

私の哲学は、「いかなる場合でも、心の力を落としてはならない。終始一貫《しゅうしいっかん》、積極的な心の態度をもって人生に生きなさい」というのが、原理原則になっている。

私はいつも言う。

「天は自ら助くるものを助く」と。

みずからの人生を価値高く活かすのは、
だれがなんと言おうとも、自分自身なんです。

矢でも鉄砲でも持ってこい

病や苦難から逃げたり、避けたりせず、
「矢でも鉄砲でも持ってこい」と、
苦しみ、悲しみに挑戦し乗り越えていき、
自分の力で、これを打ち砕いていく気持ちになれ。

命の生きる力を守る、特別な作用がある

積極的な気持ちをもっている人間は、
医者がサジを投げたような病でも、
びっくりするくらいもち直します。
それは結局、神経系統のなかに、
人間の命の生きる力を守る、特別な作用が
人間にあるからです。

人間の生きる「六つの力」

これが非常に程度の高い勢いで働くとき、健康はもちろん運命のごときも、人間の生きる力のすべてが豊富に働きだすのです。

この力というものは六つあります。

体力、胆力、判断力、断行力、精力、能力です。

病は忘れることによって治る

「船に乗ったら船頭《せんどう》まかせ。病になったら医者まかせ」という言葉が昔からあるではないか。

病になったら、医者にかかるもよし。

医者にかかった以上は医者にまかせなさい。

病になったならば、病をむしろ忘れるくらいな気持ちになりなさい。

病は忘れることによって治る。

生きている間は楽しく生きていこう

私は肺病を治すために医学を学んだが、自分の病すら治せない。

なんというなさけない人間だろうと思う自責の念と同時に、肉体に感覚する病からの苦悩。もう寝る間《ねま》も忘れられないほど苦しみましたよ。

なん年か苦しんだあげくに、ひょいと自問自答《じもんじとう》してみた。

「待てよ、かりに非常に幸いな運命がめぐってきて、病が治ったとしても、永久に死なないというわけにはいかない。必ず時がくれば死ぬな」

「治っても死ぬ。治らないでも死ぬだろう。このまま治らなきゃ、死ぬ時期が早いというだけで、いずれは死ぬということに変わりはない」

「すると待てよ、かりにいちばん考えやすく、明日の朝、死ぬとしたら、まだ今夜は死んじゃいない」

「では、どうせ明日の朝、死ぬんなら、その死ぬときまでは生きているんだから、ビクビク生きているよりは、生きている間は楽しく生きていこうという気持ちになったほうが、どうも得のようだがどうだ」
と、こういう心構えでやってみようと思ったのが、
そもそものはじめです。
そういう気持ちになったときは、そりゃもうずいぶ
ん嬉しかったですよ。

七章

きょう一日、怒らず、怖れず、悲しまず

すぐ悲しんで、つらがってちゃいけないんだよ

悲しいことやつらいことがあったとき、すぐ悲しんで、つらがってちゃいけないんだよ。

そういうことがあったとき、すぐに心に思わしめねばならないことがあるんだ。

それは何だというと、すべての消極的な出来事は、我々の心の状態が積極的になると、もう人間に敵対する力がなくなってくるものだということなんだ。

一切の苦しみをも微笑みに変えていくようにしてごらん

だから、どんな場合にも心を明朗に、一切の苦しみをも微笑みに変えていくようにしてごらん。

そうすると、悲しいこと、つらいことのほうから逃げていくから。

少しでも消極的だと思ったら、心から追い出しちまうこと

何はともあれ、自分の現在考えている事柄を同情だとか批判というものを乗り越えて、積極か、消極かということを判断することなんです。

それで少しでも消極的だと思ったら、颯爽《さっそう》たる勇気をもってそれを心のなかから追い出しちまうこと。

心は秘密の玉手箱

人間の地獄をつくり、極楽をつくるのも心だ。
心は我々に悲劇と喜劇を感じさせる
秘密の玉手箱だ。

人生のゴールデン・キー

人生を完成せしめるゴールデン・キーは、
想像力という、心のバイブレーションを受けて
強固になる信念の力ひとつです

みんな自分以外のせいにするのは了見違い

自分の人生を価値高く活かそうと思ったならば、他力本願《たりきほんがん》で生きてはダメですよ。

心の弱い卑怯《ひきょう》な人になると、「なにか自分には運命が向いてない」だとか、「世間がまだほんとうに認めてくれない」だとか、もっとあきれたやつになると、「設備が整っていない」だとか「誰々が手伝ってくれない」とか、何かうまくいかない時に、みんな、自分以外のもののせいにする人がいますが、とんでもない了見違《りょうけんちが》いですよ。

やれ運命がつまらないの、人生がつまらないのって
人は、その考え方がつまらないんです。

消極的な言葉を絶対に口にしないこと

まず言葉に気をつけることです、言葉に。

どんな場合にも、「こまった」「弱った」「情けない」

「悲しい」「腹がたつ」「助けてくれ」

なんていう消極的な言葉を
絶対に口にしないことです。

その思い方、考え方を打ち切りさえすれば

自分が心配したり、怖れたりしているときに、
その思い方、考え方を打ち切りさえすれば、
もう悪魔はそのまま姿をひそめるわけだねえ。

正真正銘の心の世界

光明《こうみょう》を人生に輝かせようと思っても、そうした気持ち、心持ちにならないかぎりは輝いてこない。

だから、「きょう一日、怒《いか》らず、怖れず、悲しまず」と、言っているじゃないか。

この「怒らず、怖れず、悲しまず」こそ、正真正銘の心の世界の姿なんだ。

自分の人生を価値高く活かさなきゃいけない

人生というものは、結局、死ぬために
生まれてきたような存在であるだけに、
それだけに、生きている間は、
真剣に自分の人生というものを、
価値高く活かさなきゃいけないんですよ。

本当に心が清い状態であれば

本来人間は、世に生まれ出たときから、絶えず真理に接し、真理の中で生きているのである。

しかし、真理の中にいながら、この真理をなかなか自覚することができないのは、要するに心の中に雑《ざつ》念妄念《ねんもうねん》があるためであり、本当に心が清い状態であれば、真理はすぐに発見できる。

理性心というものは心を統御する力はない

理性心というものは、それは人間にだけ与えられた物事の善し悪しを判別する働きを持ってるから、これは尊いに違いありません。

しかし、理性心というものには心を統御する力は少しもない。反省を促すだけでもって、また促しきれないものなんだ。

我が心に「憎しみはないか」と問うてみよう

静かに、我が心に「心に憎しみはないか、怒《いか》りは、悲しみは、嫉《ねた》みは、悶《もだ》えは……」と問うてみよう。

宇宙には因果律という法則が厳として存在している。

だから、そういう心持ちでいる人は、いつまで経っても本当の安心立命は出来はしない。

終始自分の心の監督をしていかなければならない

だから、良い運命の主人公として生きていきたかったら、何を措《お》いてもまず、心を積極的にすることに注意深くし、終始自分の心の監督をしていかなければならない。

生まれたときのその心は尊く強く正しく清い

どんな極悪非道《ごくあくひどう》の人間か鬼かわからないようなやつでも、生まれたときのその心は尊く強く正しく清いんです。

あなた方でもそのとおりで、ただいつの日か知らず知らずに、ものごころがつきだすと同時に失われてしまったんです。

果てしのない大宇宙よりも

およそ大宇宙というものは、この世の中で一番
大きなものと誰でも考えている。
とにかく、果てしのわからない大きなものなん
だからね。
しかし、その果てしのわからない大宇宙よりも、
人間の心の方が大きいんだ。

いかに人の心が広大無辺であるか

星を見てたたずんでいるときに、
その星を見て考えている心のなかは、
その大きなものを相手に考えられるんですから、
それ以上大きなものじゃないか。という簡単なこと
を考えただけでも、
いかに人の心が一切を凌《しの》いで広大無辺《こうだいむへん》であるか
ということがわかってくる。

祈らずとても　神や守らん

本当の真理から論断《ろんだん》すれば、何も神や仏だのと頼らなくてもよろしい。むかしからの歌にもある。

「心だに　誠の道に　かないなば　祈らずとても　神や守らん」

八章　幸せを求めているあなたへ

もっと幸せにおなんなさい

もっと幸せにおなんなさい。
もっと幸福におなんなさい。
本当になれる権利を与えられている人間に生まれて、
そこを拒絶する者は、こりゃ、およそ
愚か者だと言っていい。

自分でしないで、待っているかぎり、来やしないよ

本当の幸福というのは、人生がよりよく生きられる状態に自分で自分ですることなんだ。

自分でしないで、ほかからしてくれることを待っているかぎり、来《き》やしないよ。

自然と幸福な人生が与えられるようにできてる

人間が人間の生きる真理に即した生き方をしていれば、何も非常に一生懸命に求めなくても、自然と幸福な人生が与えられるようにできているというのが、これが本当の人生に与えられた動かすべからざる約束だと私は思う。

あなた方自身のなかにあるんだぜ

いいですか、幸せも健康も成功も、
ほかにあるんじゃないですぜ。
あなた方自身のなかにあるんだぜ。

空間というものを超越してしまう

心朗らかに何も心にわだかまりなく、
楽しい、うれしい、朗らかだというときを味わって
いるときというものは、
時というもの、空間というものを超越してしまう。
ご経験がありましょ？
好きな人と物語ってりゃ、時の経つことを忘れる。
反対に嫌なやつと歩くと、道の半町も歩かないうち
にくたびれちまう。

心が積極的になれば

たとえ人生に苦難や苦痛はあろうとも、それを
心の力で喜びと感謝に振り替えていくのである。
心が積極的になれば、振り替えることが
出来るのである。

苦悩を楽しみに振りかえるというのは

苦悩を楽しみに振りかえるというのは、
健康や運命の中に存在する苦悩を乗り越えて、
突き抜ける強さを心に持たせることだ。
それは例えば、あの夏の暑い耐えられない日盛りに、
涼しい風を自分でつくって楽しむ心構えと同様なんです。

人間というものの人生は、ただ単一のことだけが
解決されたからといって、
それで万事ＯＫになり得るものじゃない。

自分自身を自分自身が磨かない限り

結局、切磋琢磨《せっさたくま》という言葉のとおり、
自分自身を自分自身が磨《みが》かない限り、
自分というものは本当にえらくならないんですよ。
境遇《きょうぐう》や環境《かんきょう》が自分をえらくしたり、
幸福をもたらしたりするんではないんですから…。

今度は腹で受けるようにしてごらん

すべての感情や感覚の衝動や刺激を、今までは心ですぐ受けて、驚きあるいは怒り、あるいは悲しんでたろう。

今度はそれを、腹で受けるようにしてごらん、腹で。

心で受けると、どうしても衝撃が大きいんです。

感情を統御し得るところに、人間の価値がある

どんな場合においても、感情を乗り越えていったというところに、人間の尊い生命の価値があるんだ。「人間は感情の動物」なんていうような、価値のない思想を重大視していた過去を一切捨てよう。

人間と言うものは始終、感情を乗り越えて感情を統御し得るところに、本当の人間の価値がある。

笑いは無上の開運剤

いつもニコニコしている人に病弱の人いますか？
どんな場合にも心を明朗に、一切の苦しみをも微笑みに変えていくようにしてごらん。
そうすると、悲しいこと、つらいことのほうから逃げていくから。
笑いは無上の強壮剤であり、また開運剤なんです。

僅かな喜びを、非常に大げさに喜ぶと

考えてみよう。怒ったり、悲しんだり、悶えたり、迷ったり、苦しんだりしているときに、気持がいいか。悲しいな、と思って泣くでしょう。よけい悲しくなる。これがダブルページだ。

腹が立った、こん畜生、と思って、やい、なんて言うと、よけい腹が立つ。

反対に、今度は僅かな喜びを、非常に大げさに喜ぶと、僅かな喜びは、非常な嬉しさになる。

本人が幸福化している以上は不幸はありゃしない

その心のなかに絶えず高尚な積極的観念が熱烈に燃え上がって生きている人。

そういう人は、たとえ仮に、はたから見て大きな不幸だなあと思うようなものがこようが、悲しみがこようが、すべてをその高尚で積極的な心的態度で美化、善化して、幸福化してしまっているのです。

本人が幸福化している以上は、不幸はありゃしない。

幸福というものは主観的断定だもの。

はたからどんなに幸福そうに見えても

幸福というものは客観断定にあらずして、
主観の断定です。
はたからどんなに幸福そうに見えても
それは幸福とは言えないんですよ。
本人がしみじみ、ああ、私は幸せだと思えない
かぎりは、本当の幸福を味わうことは出来ない。

お互いに相譲り、相敬い、相たのしみ

真の平和とは、お互いに克己《こっき》し、お互いに自制し、
お互いに相譲り、相敬い、相愛し、相たのしみ、
相導き、相助け合う、
という完全調和の美しい気持ちが、
家庭組織の各個々人にもたれているということが、
何より先決条項である。

何事も考えないときが一番無事

生きようとも考えなきゃ、死ぬことも考えない。
きれいな景色を見ているときと同じような状態の心。
無碍《むげ》にして自在なるを得る。
人間は虚心平気《きょしんへいき》、何事も考えないときがいちばん無事なんです。

正しきものに従えば、正しからずものは出てこない

正しきものに従えば、決して歪《ゆが》めるもの、正しからずものは出てこない。

自分で正しいことを行っているようでも、その行いの中に正しからざる不純なものがあり、歪めるもの、汚れたものがありゃ、必ず結果においてよくないものが出てくるのは当然であります。

なぜかといえば、この世の中は、すべて蒔いた種に花が咲き、実が成るようにできているんだ。

今日から幸福になって遅くない

私はね、人間に年齢はないと思っています。
六十、七十歳になろうと、自分が十七、八歳時代と考えてみて、違っているのは体だけ。心そのものはちっとも変わっていないはずです。
ですから、四十や五十はもちろん、七十、八十になっても情熱を燃やさなきゃ。

明日死を迎えるとしても

明日死を迎えるとしても、今日から幸福になって遅くないのであります。ましで若い人の胸は炎と燃えてなきゃうそですよ。

気のついた時が新しいバースデイ

あっそうか、と気のついた時が新しいバースデイであります。

自己に新しい百八十度のコンバージョン（転換）を与えるバースデイをつくるかつくらないかは、あなた方の自覚に待つのみであります。

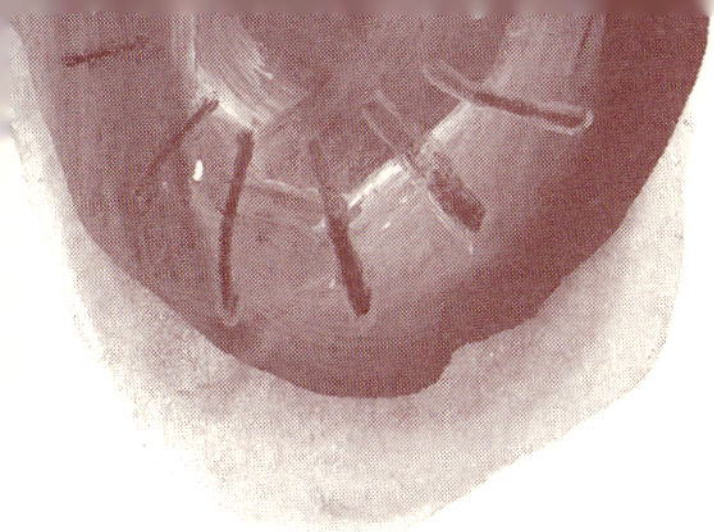

九章　思いやりの心をもてば

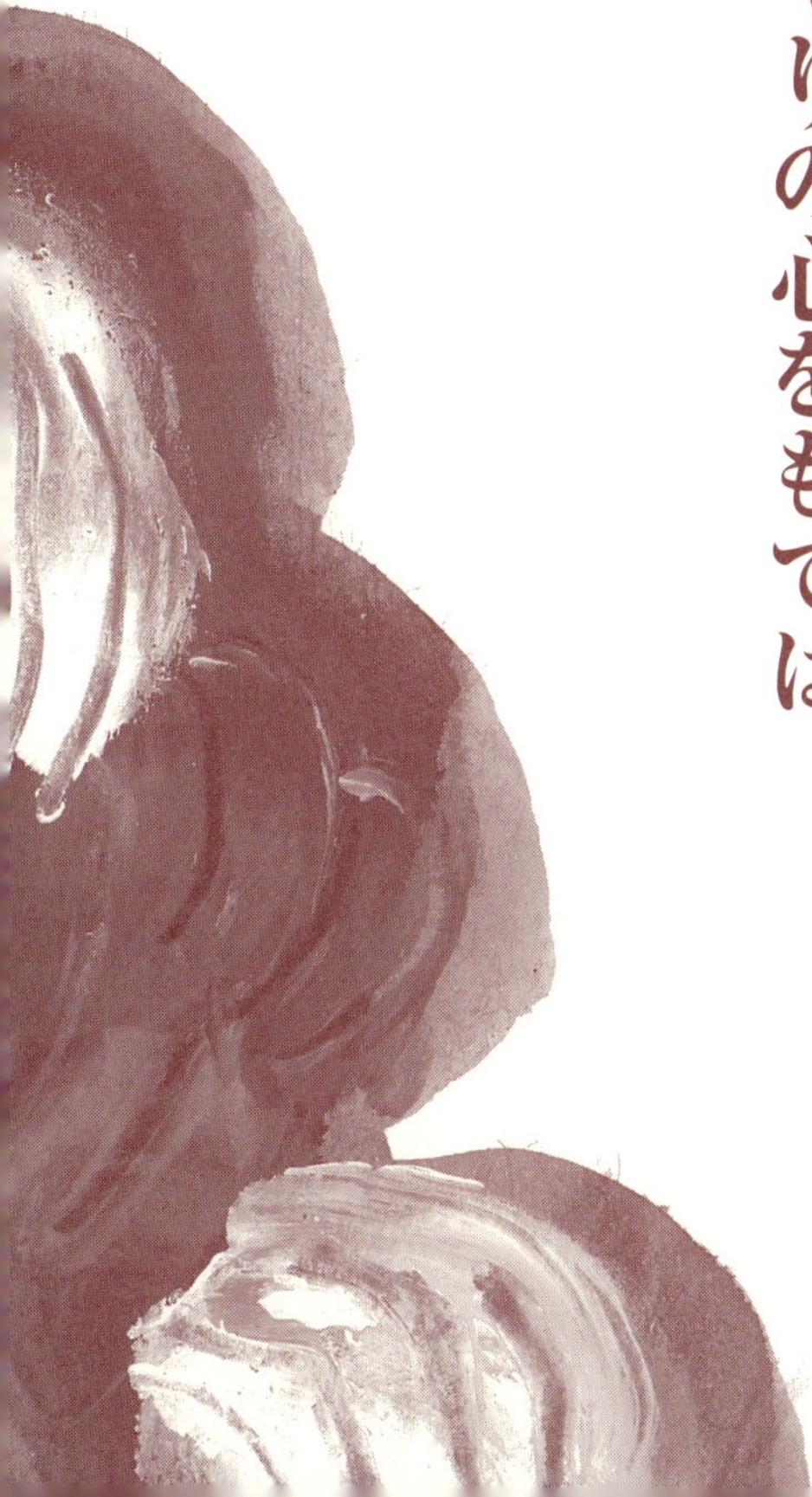

まごころがこもってなされるのと、そうでない場合は

人間の行為に、まごころがこもってなされるのと
そうでない場合は、その結果の事実のいかんに
かかわりなく、その行為の「尊さ」というものに、
格段の相違がある。

人の世のため、人の喜びのため

なんの仕事をしてる人でも、人の世のため、人の喜びのため、人の幸福のためということを考えることを忘れない生活を営んでもらいたい。

自分の存在は人の中にいる存在である以上、できるだけ人の喜ぶ、人の幸福も考えてあげよう。

どんどん花が咲いてくるんです

現在のあなた方の思い方や考え方が、
これからの人生において、
どんどん花が咲いてくるんです。

力を働かせることに重点をおく

いのちの力の使い方――結論からいうと、これは極めて短い言葉で表現することができる。

すなわち、「力を入れることに重点をおかずに、力を働かせることに重点をおく」――これである。

働くのは人間の生まれついた役目

お互い人間がこうして働くのは、人間の生まれついた役目である。
どんな身分になろうと、健康である限り、働かなくてはならないようにできている。
これ、人間として生まれた者に与えられた大きな恩《おん》恵《けい》であり、慈《じ》悲《ひ》なのである。

目に見えない大きな恩恵

あなたがたは現在こうやって生きていく際に
与えられている、目に見えない大きな恩恵に
気がついたことがあるだろうか。

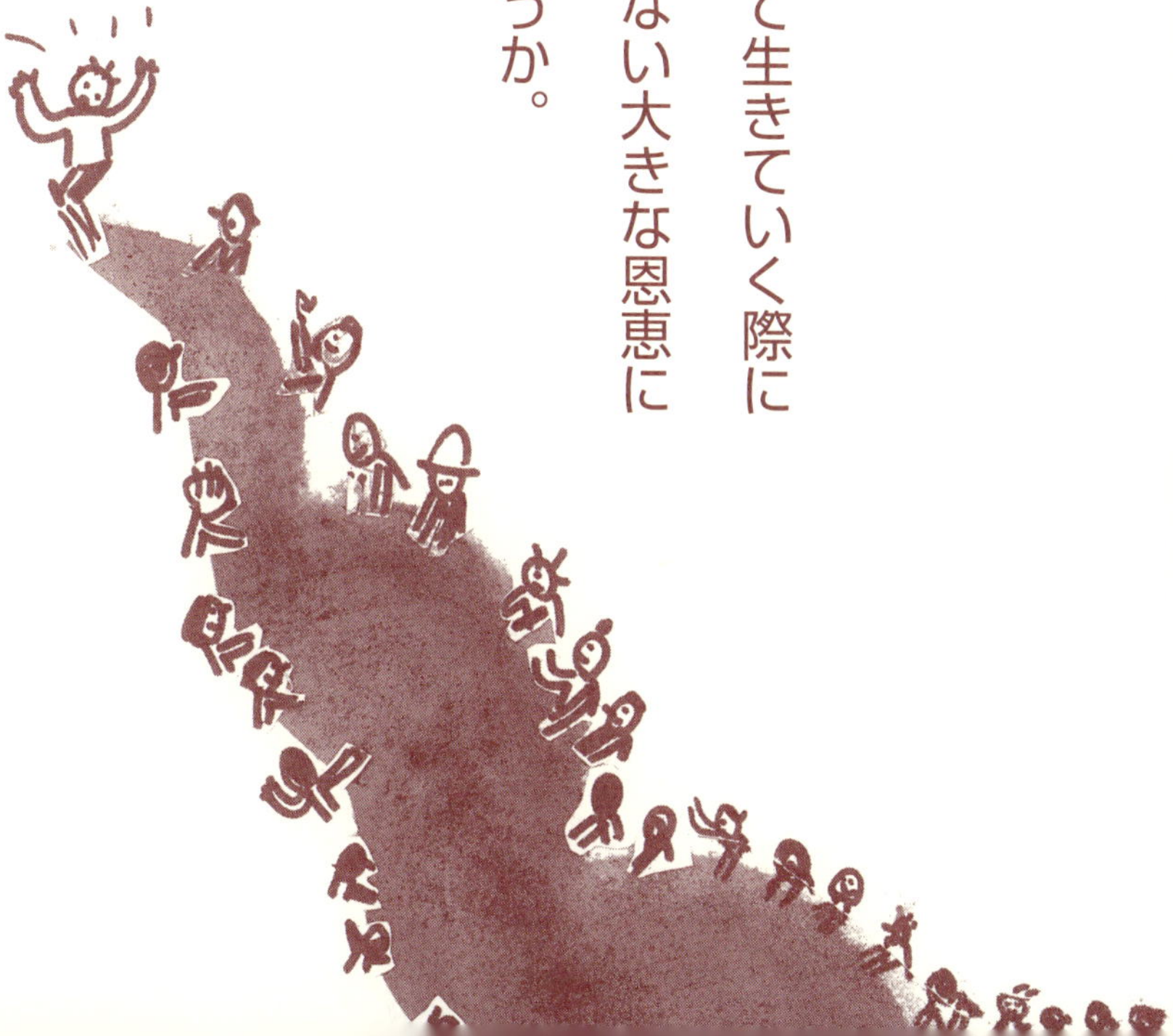

無言の犠牲を提供して何の苦情も言わない

人間の食べている食物《しょくもつ》はお互いの命を養うために
その命をずいぶんと犠牲にしているものがある。
菜っぱ一つでも、魚や肉でも、みんな生きた生命を
もっていたものである。
それで無言の犠牲を提供して何の苦情も言わない。

ありがたい恩恵でわれわれは生きている

よく考えてみると一つ一つがほんとうにありがたい恩恵で、われわれは生きている。

だから、箸《はし》と茶碗《ちゃわん》を手にした時に、

「世間にはご飯が食べられないで困っている人間もあるだろうに、こうやって頂戴《ちょうだい》できるのか。ああ、ありがたい」

と思う気持ちだけでも持つのが当然である。

尊い心の報われが、即座にひとりでにくるよ

だれにでもある心なんだからね、思いやりのやさしい心っていうのは。

その心で一切の物事に接する習慣をつけることだ。

その尊い心の報われが……報われなんか求めなくたっていいんだけど、即座にひとりでにくるよ。

自分自身の心に感じる快さ、嬉しさは形容できない

思いやりという気持ちは、誠と愛の気持ちだから、それで人に接して、物に接するとき、自分自身の心に感じる快《こころよ》さ、嬉しさというものは、もう形容できません。

「ああ、ありがとうございます」と言って喜ばれたときに、「俺は損しちゃった」と思う人ある？

どんな人間にもあるんだよ

他人の喜ぶような言葉や行いを、自分の人生の楽しみとするという尊い気分になって生きてごらん、今日から。

人間の心の底には、どんな人間でも情け深い思いやりというものがあるんだよ。

自然と親切という気持ちも出てくるんだ

情け深い気持ちがもとになって、心の誠も愛の情も、また自然と親切という気持ちも出てくるんだ。

人間の最高のものが、常にドンドンひらめき出してくる。

そういう気分で生きることが、いちばん人間としてやりやすい生活なんだから。

さあ心配するな！　俺が来たからもう大丈夫

人間の気持ちは誠におそろしいものである。

たとえ医学上からみれば助からないような病人の枕元に行っても、こちらが元気で積極的態度のときには、その人間の状態がずうっと良くなってしまうものだ。

それで、どれほど危篤になっている人間を助けてきたかわからない。

「さあ心配するな！　俺が来たからもう大丈夫だから、いいか！　俺が駄目だといったら覚悟しろ。俺が駄目だといわなければ大丈夫だから！」

というとずうっと勇気が出てくるものです。

お互い勇気づける言葉を

だから私はいつもいう。

お互い勇気づける言葉、喜びを与える言葉というような積極的な言葉を使う人が多くなれば、この世は期せずして、もっともっと美しい平和な世界になる。

十章　現在感謝、現在感謝

いかなることがあっても、喜びを感じ、感謝を感じ

いかなることがあっても、喜びを感じ、
感謝を感じ、笑いを感じ、
雀《こ》躍《おど》りして喜ぶ気持ちになって、
その一刻を過ごすということが、
何十年来の私の習慣である。

たのしい、おもしろい、嬉しいにまさるものはない

たのしい、おもしろい、嬉しい、という思いが心の中に生じた時ほど、朗《ほが》らかな生きがいを人生に感じられる、ということなんです。

そして、それがどんなに健康にも運命にも、はかりしれない大きな効果を与えるかわからない、と思いいたるとき、よりいっそうの貴《とうと》い価値《かち》を感じる。

事あるごとに、「ああ、ありがたい、ありがたい」

感謝するに値するものがないのではない。感謝するに値するものを、気がつかないでいるのだ。

事あるごとに、「ああ、ありがたい、ありがたい」で暮らしていいわけでしょ。

何事に対しても、現在感謝。ああ、ありがたい。

何に対しても現在感謝。

どんな場合でも、自分の中に曇りというものがでてこない

現在感謝《げんざいかんしゃ》というものが、本当に心の中にしっかりと持たれていれば、どんな場合でも、自分の心の中に曇りというものがでてこない。したがって、なんとも形容のできない、生きがいを感じて生きていかれる。

ケチな気持ちは、海の中なり山の中に捨てちまえ

どんなことがあったって、現在感謝。

いままでのように、すぐ不平不満を言うような、そんなケチな気持ちや心もちは、海の中なり山の中に捨てちまえ。

来年こそやるぞ、来年こそやるぞ、なんて思ってると、五十年くらいすぐにたってしまって、あっという間に人生終わってしまうからね。

爛漫《らんまん》たる喜びの世界になる

どんな些細なことでも感謝を
先にして喜びで迎えたなら
黄金花咲く爛漫《らんまん》たる喜びの
世界になる

一体何の力で生きているんだろうか

お互い人間がこうやって生きているのは、一体何の力で生きているんだろうか、ということです。どんなあわて者だって自分の力で生きているとは思わないでしょう。

もし自分の力で生きているなら、時がきても死ぬはずはないじゃないですか。いつまでも自分の力で生きておられるはずですし、現在あるがまま自分を保っていかれるはずです。

人間の心の本質は「真善美」以外の何ものでもない

例えば、肉体の手と手を握り合ってみても、握り合っている以上に、幾ら密接させようとしても、そういうわけにはいかない。

ところが、心と心は、全くそうでなく、愛し合えば愛し合う程、どんなものでも密接に二つが一つに融《と》け合える点に、愛の心というものの尊さがあるのである。

だから、何事に対しても、いつでも愛の心で対応していさえすれば、天地間の万物と期せずして融和《ゆうわ》が出来る。

これは言い換えると、人間の心と宇宙の心と、一つになれるということになるのである。

もっと判《わか》り易《やす》くいえば、宇宙の心と一つに人間の心がなれれば、ここに初めて宇宙の本体も本質も明らかになってくる。

当然の帰結としてこの宇宙の心が「真善美《しんぜんび》」以外の何ものでもなく、そして同時に人間の心の本質もまた「真善美」以外の何ものでもないことがわかってくる。

中村天風の関連書籍や、「心身統一法」講習会等の活動については、

公益財団法人　天風会　までお問い合わせください。

〒一一二-〇〇一二　東京都文京区大塚五―四〇―八

（天風会館内）

電話　〇三―三九四三―一六〇一

E-mail　info@tempukai.or.jp

ホームページ　http://www.tempukai.or.jp

中村天風　幸運をひらく 166 の言葉

監修者　　公益財団法人 天風会
発行者　　真船美保子
発行所　　KK ロングセラーズ
東京都新宿区高田馬場 2-1-2　〒 169-0075
電話（03）3204-5161（代）　振替　00120-7-145737
http://www.kklong.co.jp

印刷・製本　大日本印刷(株)

ISBN978-4-8454-2385-9　C0095　　Printed In Japan 2016